菜菜(さいさい)スイーツ

卵・乳製品・砂糖なし 野菜がお菓子に大変身

"菜菜スイーツ"はこんなお菓子

卵、バター、牛乳、生クリーム、ゼラチンなどの動物性素材は使いません。

砂糖も使いません（メープルシロップをほんの少し使用）。

野菜、豆、フルーツ、ナッツ、穀類、寒天など、植物性素材だけを使います。

小麦粉や油を多用しません。

身近にある材料でかんたんにつくれ、しかも満足感いっぱいです。

……野菜の甘みと個性に驚かされる、"野菜が主役"の"新しいお菓子"。

それが、この本で提案する"菜菜スイーツ"です。

野菜を使ったお菓子というと、野菜の栄養をとり入れるために
野菜を粉末やペーストにして、ケーキ生地などに補助的に加えたものが多いようです。
でも、実は、野菜そのものがお菓子の主役になれます。

毎日野菜と向き合ってお料理をつくっていると、塩を加えたり加熱することによって
ひき出される野菜の甘さに驚かされます。そして、野菜が持つ美しい色、豊かな香り、
さまざまな食感。これらはそのまま、お菓子になる条件をクリアしている！ と思えるのです。

健康のためだけに無理をして野菜をお菓子にするのではなく、
野菜の甘みと個性を最大限に楽しむためにつくる、新しい野菜のお菓子。
そんなテーマのもと、卵やバターなどの動物性素材の力を借りず、
また、砂糖も加えずに、植物性素材だけを使った"菜菜スイーツ"をお届けします。

デザートから、朝食やおやつにもぴったりな焼き菓子、
前菜やお酒のおつまみにもなるスナック、温かいお菓子に冷たいお菓子……。
バラエティ豊かなのはもちろん、卵や乳製品を加えたようなコクを楽しめる
「ベイクド寒天ケーキ」など、新しいアイデアも満載です。

ヘルシーなお菓子を知りたい方、ダイエット中の方、野菜をたくさん食べたい方、
アレルギーのお子さんを持つ方、そして、お菓子が大好きな方……。

さあ、新しいスイーツの扉を開きませんか？

［菜菜スイーツ］　目次

"菜菜スイーツ"はこんなお菓子 ──── 2
野菜をお菓子に仕立てるために ──── 8
菜菜スイーツ食べ放題 ──── 10

とっておきのベジスイーツ
ベイクド寒天ケーキとクリームバリエーション ──── 12

ベイクド寒天ケーキ
かぼちゃの焼きプリン ──── 14
きなこのチーズケーキ ──── 15
スイートポテトケーキ ──── 16
りんごのシナモンクリーム焼き ──── 17
甘栗の焼きババロア ──── 18
ごまのフラン ──── 19
洋梨のクラフティ ──── 20
バナナのベジチョコレートケーキ ──── 21

クリームバリエーション
◎甘酒のバニラクリーム
甘酒クレームブリュレ ──── 22
おからのショートケーキ ──── 23
◎かぼちゃのカスタードクリーム
フルーツトライフル ──── 24
麩のプチシュークリーム ──── 25

◎さつまいものジンジャークリーム
バナナ春巻 ──── 26
ナッツクラムのクリームココット ──── 27
◎豆腐のチョコレートクリーム
黒豆のラム酒漬け チョコレートクリームかけ ──── 28
クイックチョコレートケーキ ──── 29
◎小豆のレーズンクリーム
クリーム抹茶白玉 ──── 30
とろろの生どら焼き ──── 31

野菜が大変身
素材別スイーツ ──── 32

[にんじん]
にんじんとココナッツミルクのプディング ──── 34
にんじんとオレンジのひと口パイ ──── 35
にんじんとブラッドオレンジジュースのジュレ ──── 36
にんじんとりんごのポタージュ ──── 36
にんじんのアーモンドコロッケ ──── 37

[キャベツ]
キャベツとクミンのソフトビスケット ──── 38
キャベツとグレープフルーツのテリーヌ ──── 39
紫キャベツと黒豆のいちごマリネ ──── 40
紫キャベツのレモンエスニックスープ ──── 40
キャベツとりんごのお好み焼き ──── 41

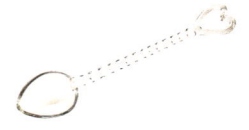

[じゃがいも]

マッシュポテトのりんごジャムケーキ ——— 42
じゃがいもとごはんのタイ風お焼き ——— 43
じゃがいものおやつきんぴら ——— 44
じゃがいもと栗のスイートスープ ——— 44
じゃがいもの落とし焼き ——— 45

[トマト]

トマトのスコーン ——— 46
ミディトマトのナッツクラム詰め焼き ——— 47
トマトとりんごのグラニテ ——— 48
トマトの冷たいデザートスープ ——— 48
セミドライトマトのカナッペ ——— 49

[オクラ]

オクラとメロンの冷たいミントスープ ——— 50
オクラと小豆のフルーツ白玉 ——— 51
オクラのアイスクリーム ——— 52
タピオカ入り冷やしオクラとろろ ——— 52
オクラとスイカの寒天寄せ ——— 53

[なす]

なすとさつまいものスイートグラタン ——— 54
焼きなすスプレッド ——— 55
なすとドライいちじくのジャム ——— 56
焼きなすの甘いとろろあえ ——— 56
なすのデザートカナッペ ——— 57

[赤ピーマン]

赤ピーマンのフルーツクラム詰め焼き ——— 58
赤ピーマンとかぼちゃのケーキ ——— 59
赤ピーマンとオレンジの包み揚げ ——— 60
赤ピーマンの薄焼きパン ——— 60
赤ピーマンのアイスクリーム ——— 61

[きゅうり]

きゅうりと豆腐のチーズケーキ ——— 62
きゅうりとマンゴーの生春巻 ——— 63
きゅうりとキウィのグリーンシャーベット ——— 64
きゅうりとドライフルーツのスイートピクルス ——— 64
きゅうりとフルーツのミントソースあえ ——— 65

[かぼちゃ]

かぼちゃのココナッツケーキ ——— 66
りんごのかぼちゃソース焼き ——— 67
かぼちゃのカレー粉メープルグリル ——— 68
かぼちゃとオレンジの冷たいエスニックスープ ——— 68
かぼちゃのナッツクラム焼き ——— 69

[ごぼう]

ごぼうとごまのスイートポテトケーキ ——— 70
ごぼうと豆腐の皮なしキッシュ ——— 71
ごぼうとアニスのオレンジグラタン ——— 72
ごぼうの豆乳メープルポタージュ ——— 72
ごぼうクッキー ——— 73

[さつまいも]

オレンジ風味のスイートポテトコロッケ ——— 74
さつまいものごまビスケット ——— 75
さつまいものデザートあえ ——— 76
さつまいもの豆乳ポタージュ ——— 76
さつまいもとりんごのシナモンお焼き ——— 77

[きのこ]

きのこと柿のタルト ——— 78
きのことドライフルーツのケーキ ——— 79
きのことナッツのビスケット ——— 80
マッシュルームとりんごのカプチーノ ——— 80
きのこと酒かすのクッキー ——— 81

[ねぎ]

長ねぎとワンタンのオレンジグラタン ——— 82
長ねぎとアーモンドのブラマンジェ ——— 83
万能ねぎの米粉お焼き ——— 84
焼き下仁田ねぎのデザートマリネ ——— 84
長ねぎと柿のゆず風味ようかん ——— 85

[里いも]

里いもとカシューナッツのブラマンジェ ——— 86
里いもクレープ くるみみそ包み ——— 87
揚げ里いものキャラメリゼ バルサミコ風味 ——— 88
里いもチップス 青のり風味 ——— 88
里いもの白みそグラタン ——— 89

[大根]

大根といちごのミルフィーユ ——— 90
大根蒸し りんごのくずあんかけ ——— 91
揚げ大根のキャラメリゼ 黒酢風味 ——— 92
いろいろフルーツの甘いみぞれあえ ——— 92
切干大根の大根もち ——— 93

[長いも]

焼き長いも ——— 94
長いもの蒸しプリン ——— 95
長いものフルーツきんとん ——— 96
長いものフルーツピクルス ——— 96
長いもとろろの淡雪かん ——— 97

フルーツオードブル

[桃] 桃の冷たいスープ 黒こしょう風味 ——— 98
[ぶどう] ぶどうの辛子あえ ——— 98
[グレープフルーツ]
グレープフルーツの青唐辛子あえ ——— 99
[ブルーベリー] ブルーベリーごはん ——— 99
[スイカ] スイカのディル風味マリネ ——— 100
[いちじく] いちじくの白みそグラタン ——— 100
[柿] 柿の皮のチップス ——— 101
[りんご] りんごとセロリのジャム ——— 101

新しいお菓子の世界 ——— 102

つくりはじめる前に

○ 材料はすべてふたり分、またはつくりやすい分量です。
○ 1カップ＝200cc、大さじ1＝15cc、小さじ1＝5ccです。
○ 特に指定がない場合、野菜は皮ごと使っています（玉ねぎ、にんにくを除く）。
○ 塩は自然塩を使います。
○ オリーブ油はエクストラバージンオリーブ油を使っています。
○ ただ「油」と書かれている時は、菜種油などクセのない油を使ってください。
○ 薄力粉は国産のものを使っています。「小麦粉」と書かれている時は、
国産の薄力粉または中力粉を使っています。
○ 米は三分づき米を使っています（白米と同様に炊けます）。
好みで発芽玄米、胚芽米などにかえてもかまいません。
○ 甘みがたりないと感じた時は、メープルシロップの量を少し増やしてください。
また、メープルシロップは好みの自然な甘味料で代用してもかまいません。
○ 材料の分量などはあくまで目安です。素材の状態や好みなどに応じて加減してください。

撮影　渡邉文彦　　スタイリング　三谷亜利咲
アートディレクション　伊丹友広（イット イズ デザイン）　　デザイン　大野美奈（イット イズ デザイン）
料理アシスタント　下条弘恵　　編集　萬歳公重

野菜をお菓子に仕立てるために

野菜をお菓子に変身させるためには、ちょっとしたコツがあります。
野菜の甘みを最大限にひき出し、ひきたてる"菜菜スイーツ"のポイントをご紹介しましょう。

1 材料にこだわる。

元気な野菜を使いましょう。旬の新鮮な野菜は香りも味も濃く、栄養価も高いもの。
できるだけ国産の自然な農法でつくられたものを選べば、皮ごと使っても安心です。
野菜以外の材料も、ぜひ質のいいものを選んでください。
たとえばフルーツは、野菜と同様に旬の元気なものを。塩は海水のうまみをかね備えた自然塩を。
油は昔ながらの製法でつくられた圧搾一番搾りのものを。
いい材料を使うことで、お菓子は格段においしくなります。

2 塩で野菜の甘みをひき出す。

塩は野菜本来の甘みをひき出してくれる、"菜菜スイーツ"のパートナー。
調理の要所要所で塩をごく少量ふることで、野菜の甘みと個性がひきたちます。

3 自然な甘みとコクをおぎなう。

甘みをたす場合は、フレッシュフルーツ、ドライフルーツやフルーツジュース、メープルシロップ、
甘酒など、自然な甘みを加えるといいでしょう。また、油は植物油を最小限使うだけにし、
コクはナッツやごま、きなこ、豆乳などでおぎなうのがおすすめ。
野菜の味を生かし、ヘルシーに仕上がります。

4 酸味をじょうずに使う。

酢やフルーツなどの酸味は、野菜のクセをやわらげ、
バランスのとれたスイーツらしい味にまとめるのを助けてくれます。

5 ハーブやスパイスをプラスする。

各野菜と相性のいいハーブやスパイスを組み合わせることで、
野菜の味にいっそうの広がりと奥行きを出せます。

6 野菜を皮ごと使う。

野菜の皮には、特にうまみ、香り、甘みがたくさん含まれています。
できるだけ皮はむかずに調理しましょう。

7 加熱で野菜の甘みをひき出す。

野菜本来の甘みは、塩を加えるほか、加熱によってひき出すことができます。
野菜の甘みを最大限にひき出せれば、余分な甘みを加える必要がなく、とてもヘルシー。
ここでご紹介する蒸し煮、重ね煮のほか、蒸し焼き、グリル、干すなどもおすすめです。

☐ 蒸し煮の仕方 (例:さつまいも)
最小限の水分で加熱するため、うまみが凝縮された状態で味わえます。

1　厚手の鍋(ステンレス製の多重構造の鍋などがおすすめ)に
小さめに切ったさつまいもを入れ、少量の水(さつまいもが半分隠れるくらい)を加える。
2　塩少々を加えてふたをし、弱火にかける。
3　沸騰して鍋のふたがコトコト音をたて、いい香りがしてきたら、ふたをとって
火のとおりを確認する。まだ固ければふたをしてもう数分蒸し煮する。
柔らかくなっていればふたをとり、強火にして水分をとばす。
4　ほっこり甘い、でき上がり。

※ほかの素材も同じ要領で蒸し煮できます。ただし、加える水の量は、
各素材の水分量や切り方などによって加減してください。
※水のかわりにフルーツジュースなどを加えると、より甘みが増します。

1　　　　　2　　　　　3　　　　　4

☐ 重ね煮の仕方 (例:赤ピーマンとオレンジ)
相性のいい素材同士を重ねて蒸し煮する方法です。それぞれのエキスが溶け合って
おいしさがさらに増します。特にフルーツを加えて重ね煮すると、
いっそうスイーツらしい味わいに。水分の多いフルーツなら、水を加える必要はありません。
なお、重ね煮はフルーツなど水分の多い素材を下にするのがお約束です。

1　厚手の鍋に薄皮をむいてほぐしたオレンジを入れ、赤ピーマンのせん切りを重ねる。
2　塩少々を加えてふたをし、弱火にかける。
3　「蒸し煮」のプロセス3と同じ。
4　赤ピーマンとオレンジの味わいが一体となった、でき上がり。

1　　　　　2　　　　　3　　　　　4

菜菜スイーツ食べ放題

この本に登場するスイーツを組み合わせて、おかわり自由のパーティはいかが？
たくさん食べても、ダイエット中でも安心。
おなかも心も満たされて、しかもヘルシーな、夢の食べ放題です。

本日のスイーツ
- きなこのチーズケーキ (P.15)
- フルーツトライフル (P.24)
- トマトの冷たいデザートスープ (P.48)
- きゅうりとキウィのグリーンシャーベット (P.64)
- さつまいものごまビスケット (P.75)

菜菜スイーツ食べ放題

とっておきのベジスイーツ

ベイクド寒天ケーキとクリームバリエーション

まるで卵や生クリームを使ったようなお菓子たち。
ベイクド寒天ケーキは、寒天パウダーを新しい発想で使った、クリーミーで素材感いっぱいの、私の創作焼き菓子です。
そして、応用力抜群の、コクのあるなめらかなクリームもご紹介。
新しいベジタリアンスイーツをお楽しみください！

ベイクド寒天ケーキ

ベイクド寒天ケーキは、寒天をユニークに使った私のオリジナル焼き菓子です。
寒天は本来、鍋で煮溶かしてから冷やし固めますが、ベイクド寒天ケーキは、
寒天パウダーをほかの材料(水分)と混ぜ合わせ、オーブンで焼くことで溶かします。
その後、冷蔵庫で冷やすことで固める仕組み。加える小麦粉やでんぷんは少量でOK。
とてもクリーミーな仕上がりで素材の風味を存分に楽しめます。
素材や水分量などの違いによって、さまざまなベイクド寒天ケーキができます。

[つくり方]
基本のつくり方は共通で、とてもかんたん。
Aをミキサーまたはフードプロセッサーにかけて(またはよく混ぜ合わせて)
耐熱の器または好みの型(型から抜く場合はかならず紙を敷いておく)に流し入れる。
190〜200℃のオーブンで小さな型なら15〜20分、大きな型なら(中心まで火がとおりにくいので、
表面に焼き色がついたらアルミホイルをかぶせて)20〜30分焼く。
オーブンから出してすぐはまだ生地は柔らか。冷ましてから冷蔵庫に入れて冷やし固める。

かぼちゃの自然な甘みが口いっぱいに広がる、ヘルシーケーキ

かぼちゃの焼きプリン

A ─ 蒸し煮した(P.9)かぼちゃ 1/2カップ
  豆乳 1カップ　寒天パウダー 1/2袋(2g)
  コーンスターチ(または小麦粉) 大さじ1 1/2
  ─ 油 大さじ2　ブランデー 大さじ1　メープルシロップ 大さじ2

◎ つくり方は上記。

きなこのコクとレモンの酸味を加えます。見ためも味もまさにチーズケーキ！

きなこのチーズケーキ

A
- きなこ 1カップ　豆乳 2カップ
- レモン汁 大さじ4　寒天パウダー 1袋（4g）
- 小麦粉 大さじ4　油 大さじ2
- レーズン（ブランデー適量に漬け、水気を切る）1/3カップ
- 塩 少々　メープルシロップ 大さじ4

◎ つくり方は左頁。
◎ 直径18cmの丸型を使用。

しょうがの風味がさつまいもにぴったり。
さつまいもの皮の紫色がきれい

スイートポテトケーキ

Ⓐ
- さつまいも（蒸し煮する。P.9）1個
- 豆乳 1カップ　しょうが汁 大さじ1
- 寒天パウダー ½袋（2g）
- 小麦粉 大さじ2　油 大さじ2
- メープルシロップ 大さじ2

◎ つくり方はP.14。
◎ 蒸し煮したさつまいもは飾り用に少しとり分け、生地にそっとのせて焼きます。
◎ 15cm角型を使用。

りんごたっぷりのクリーミーなデザート。
りんごのおいしさがストレートに伝わります
りんごのシナモンクリーム焼き

りんご（皮ごといちょう切りにし、蒸し煮する。P.9）1個
レーズン（ブランデー適量に漬け、水気を切る）1/4カップ

A ┌ 豆乳 1カップ
　 │ 寒天パウダー 1/2袋（2g）
　 │ 小麦粉 大さじ3
　 │ シナモンパウダー 小さじ1
　 │ 油 大さじ2
　 │ ブランデー 大さじ1
　 └ メープルシロップ 大さじ2

◎ つくり方はP.14。
◎ 蒸し煮したりんごは飾り用に少しとり分け、
残りをAにレーズンとともに加えて型に流し入れ、
飾りのりんごをそっとのせて焼きます。
◎ りんごのように水分の多いフルーツを加えると
生地がよりゆるくなり、型からあふれ出やすくなるので、
深さのある（または大きな）型を使い、
生地の量は型の高さの半分くらいにとどめるといいでしょう。

ぜいたくな栗のお菓子を甘栗で手軽に。ほんのり品のいい甘み
甘栗の焼きババロア

A ┌ 甘栗 10個
　│ 豆乳 1カップ
　│ 寒天パウダー ½袋（2g）
　│ くず粉 大さじ2　油 大さじ2
　└ ラム酒 大さじ1　メープルシロップ 大さじ2

◎ つくり方はP.14。
◎ 甘栗は飾り用に少しとり分け、適当に切って生地にそっとのせて焼きます。

しっとりなめらかな口あたり。
ごまのコクが後をひく、食べすぎ注意のおいしさ

ごまのフラン

A ┌ 練りごま(白) 1/2カップ　すりごま(白) 大さじ1
　│ 豆乳 1カップ　寒天パウダー 1/2袋(2g)
　│ くず粉 大さじ2　油 大さじ2
　│ ブランデー 大さじ1
　└ メープルシロップ 大さじ3

◎ つくり方はP.14。

卵や牛乳を加えたような味わい。
みずみずしくとても柔らかなクラフティ風

洋梨のクラフティ

洋梨（くし形切り）2個
白ワイン（甘口）¼カップ
塩 少々

A ┌ 豆乳 1カップ　寒天パウダー ½袋（2g）
　│ 小麦粉 大さじ2　油 大さじ2
　└ メープルシロップ 大さじ2

◎ つくり方はP.14。
◎ 洋梨は水のかわりに白ワインを加えて蒸し煮し（P.9）、生地にそっとのせて焼きます。
◎ 洋梨のように水分の多いフルーツを加えると生地がよりゆるくなり、型からあふれ出やすくなるので、大きな（または深さのある）型を使い、生地の量は型の高さの半分くらいにとどめるといいでしょう。
◎ 直径18cmのタルト型を使用。

ココアをふんだんに加えます。
ベジタリアンも満足の、しっとりした大人のケーキ

バナナのベジチョコレートケーキ

プルーン（ブランデー適量に漬け、水気を切る）6個
バナナ（熟したもの。1cm厚さの輪切り）1本

A ┃ ココアパウダー 大さじ4
　 ┃ きなこ 大さじ4　豆乳 1カップ
　 ┃ 寒天パウダー ½袋（2g）
　 ┃ 小麦粉 大さじ2　油 大さじ2
　 ┃ ブランデー 大さじ1　メープルシロップ 大さじ2

◎ つくり方はP.14。
◎ 型にプルーンを並べてAを流し入れ、バナナをそっとのせて焼きます。
◎ 15cm角型を使用。

クリームバリエーション

コクも風味も大満足のなめらかなベジクリーム5種をご紹介します。
使い方はアイデア次第。こんなに楽しくおいしいお菓子ができ上がります。
どのクリームも冷蔵庫で3日間くらい保存できます。

甘酒のコクと甘みを生かしたヘルシーなクリーム。バニラの甘い香りをきかせます

甘酒のバニラクリーム

甘酒(無加糖のもの) 200g　豆乳 ¾カップ　小麦粉 大さじ4
油 大さじ1　白ワイン(甘口) 大さじ3　塩 少々
バニラビーンズ(さやをさいて、種をしごき出す。種のみ使用) 少々

すべての材料をミキサーまたはフードプロセッサーにかけてなめらかにする。
鍋に移し入れて弱火にかけ、混ぜながらとろみがつくまで加熱する。

焼いて甘酒独特のコクと甘みを凝縮させます。ブラックコーヒーや抹茶と一緒にいかが

甘酒クレームブリュレ

甘酒のバニラクリーム 適量
メープルシロップ 少々

1　耐熱の器にクリームを入れ、メープルシロップをかける。
230℃のオーブンでおいしそうな焼き色がつくまで5分ほど焼く。
2　冷蔵庫で冷やしていただく。

甘く煮たおからを、しっとりしたスポンジ生地風に使ったデザート
おからのショートケーキ

おから ¼カップ　油 大さじ1
りんごジュース(ストレート果汁100%のもの) 1カップ
レーズン(ざく切り) 大さじ1½
塩 少々　ブランデー 大さじ1
甘酒のバニラクリーム 適量
いちご(縦に6等分する) 適量

1　おからはフライパンでから炒りする。パラパラに乾いたら油を加えて炒め、油が全体になじんだら、りんごジュース、レーズン、塩を加えて水分がほとんどなくなるまで(しっとり感が残る程度に)炒め煮し、ブランデーを加え混ぜる。冷蔵庫で冷やす。
2　器に1、クリーム、いちごを重ねて層にする。
◎ フルーツはほかにも桃、メロン、オレンジ、ラズベリーなど、"ショートケーキ"に合うものなら何でもOKです。

色も味も口あたりも、まるでカスタード！ 卵を加えたような温かみのある味わい

かぼちゃのカスタードクリーム

蒸し煮した（P.9）かぼちゃ ⅓カップ　豆乳 1カップ
小麦粉 大さじ2　油 大さじ1　ラム酒 大さじ1
塩 少々　メープルシロップ 大さじ2
バニラビーンズ（さやをさいて、種をしごき出す。種のみ使用）少々

すべての材料をミキサーまたはフードプロセッサーにかけてなめらかにする。
鍋に移し入れて弱火にかけ、混ぜながらとろみがつくまで加熱する。

かぼちゃのカスタードクリームはフルーツと相性抜群。重ねるだけのかんたんデザート

フルーツトライフル

おつゆ麩 適量　りんごジュース（ストレート果汁100％のもの）適量
かぼちゃのカスタードクリーム 適量
いちじく（くし形切り）適量　ブルーベリー 適量　ミント 適宜

1 おつゆ麩はりんごジュースに浸して柔らかくもどす。
2 器に1、クリーム、フルーツを交互に重ねて層にし、
冷蔵庫で冷やす。あればミントを飾る。
◎ フルーツは好みのものでOK。色や食感のバリエーションを楽しんで。

焼き麩はそのまま食べられます。
シュー皮のような軽やかさを生かした、かわいいお菓子
麩のプチシュークリーム

おつゆ麩 10個
かぼちゃのカスタードクリーム 適量

1 おつゆ麩は横半分に切り、クリームを挟む。

しょうががさつまいもの甘みをひきたてます。ちょっとエスニック風のしゃれた味わい
さつまいものジンジャークリーム

蒸し煮した(P.9)さつまいも 1/3カップ
豆乳 1カップ　小麦粉 大さじ2
油 大さじ1　しょうが汁 小さじ2
メープルシロップ 大さじ2

材料をミキサーまたはフードプロセッサーにかけてなめらかにする。
鍋に移し入れて弱火にかけ、混ぜながらとろみがつくまで加熱する。

焼いてとろっとしたクリームとバナナが、格別のおいしさです
バナナ春巻

さつまいものジンジャークリーム 適量
バナナ(縦に2等分し、薄切り) 2本
春巻の皮 10枚　水溶き小麦粉 適量　油 適量

1　冷蔵庫でよく冷やしたクリームとバナナを混ぜる。10等分する。
2　春巻の皮に1を1個分ずつのせて包み、水溶き小麦粉でとめる。
油を少なめに入れて熱したフライパンで、転がしながらこんがり焼く。
◎焼く途中でクリームがはみ出しやすいので、春巻の皮はしっかりとめてください。

ナッツのコクと食感をプラス。飽きのこないおいしさ
ナッツクラムのクリームココット

さつまいものジンジャークリーム 適量
A ┌ 麩（細かく砕く）1/4カップ
　├ くるみ（粗みじん切り）大さじ2
　├ アーモンド（粗みじん切り）大さじ2
　├ カシューナッツ（粗みじん切り）大さじ2
　└ 油 大さじ1　メープルシロップ 大さじ2

1　耐熱の器にクリームを入れる。混ぜ合わせたAをのせ、200℃のオーブンでおいしそうな焼き色がつくまで8分ほど焼く。

クリームバリエーション

混ぜるだけでいい、かんたんクリーム。ココアのほろ苦さがきいた、本格派の味わい

豆腐のチョコレートクリーム

絹ごし豆腐 1丁
ココアパウダー 大さじ3
油 大さじ1
ラム酒（またはブランデー） 大さじ2
メープルシロップ 大さじ3

すべての材料をミキサーまたはフードプロセッサーにかけてなめらかにする。

黒豆のコクがチョコレートクリームと抜群に合います。色も味もおしゃれなデザート

黒豆のラム酒漬け チョコレートクリームかけ

ラム酒 1/4カップ　メープルシロップ 大さじ2
ゆでた黒豆 1/2カップ
豆腐のチョコレートクリーム 適量
くるみ（粗みじん切り）適量　ミント 適宜

1　ラム酒とメープルシロップを混ぜ合わせ、ゆでた黒豆をひと晩漬ける。
2　1の水気を切って器に盛り、クリームをかける。くるみを散らし、あればミントを飾る。
◎ ゆでた黒豆は市販品でかまいませんが、無加糖のものを使ってください。

クラッカーを使うので手軽。
すぐできるのに本格的な大人の味です
クイックチョコレートケーキ

レーズン 適量　　ラム酒 適量
塩味のクラッカー 適量　　豆腐のチョコレートクリーム 適量
ココアパウダー 適量

1　レーズンはラム酒に漬ける。
2　ラップを敷いた容器にクラッカー、クリーム、
水気を切った1のレーズンを交互に重ねて層にする。
クラッカーがしっとりするまで1時間ほど冷蔵庫に入れる。
3　容器からとり出し、適宜に切って器に盛る。
表面にココアを茶漉しでふる。

小豆の自然な風味が伝わる、ほんのりした甘さ。レーズンのさわやかな酸味をきかせます

小豆のレーズンクリーム

A[ゆでた小豆 1/2カップ　豆乳 1カップ　小麦粉 大さじ2
　 油 大さじ1　ブランデー 大さじ1　塩 少々　メープルシロップ 大さじ3
レーズン（みじん切り）1/4カップ

Aをミキサーまたはフードプロセッサーにかけてなめらかにし、レーズンを加え混ぜる。鍋に移し入れて弱火にかけ、混ぜながらとろみがつくまで加熱する。

◎ ゆで小豆は市販品でかまいませんが、無糖のものを使ってください。

色合いも美しい和風デザート。クリームをたっぷりかけてどうぞ

クリーム抹茶白玉

白玉粉 1/2カップ
抹茶 小さじ1/2　水 適量
小豆のレーズンクリーム 適量

1　ボウルに白玉粉と抹茶を入れ、水を少しずつ加えながら耳たぶくらいの柔らかさになるまで練る。小さくまるめ、熱湯で浮き上がるまでゆでて、冷水にとる。
2　器に1を盛り、クリームをかける。

長いもとろろでつくるどら焼き。ふんわりやさしい味わいと口あたり

とろろの生どら焼き

長いも(すりおろす) 1カップ
しょうゆ 小さじ1　メープルシロップ 大さじ2
小麦粉 大さじ5　油 適量
小豆のレーズンクリーム 適量

1　ボウルに長いもを入れ、しょうゆとメープルシロップを加えてふんわりするまで泡立てる。小麦粉をふるい入れ、さっくりと混ぜ合わせる。
2　フライパンを熱して油を薄くひき、1を小さめの円形に流し入れる。両面をおいしそうな焼き色がつくまで焼く。
3　2を2枚ペアにしてクリームを挟む。

野菜が大変身
素材別スイーツ

野菜の甘みと個性を生かした、16素材計80品のお菓子をご紹介。
おなじみの野菜が、見事にすんなりお菓子に変身していることに、
きっと楽しい驚きを感じていただけると思います。
その新しいおいしさは、つくってみてのお楽しみ……。
お菓子のイメージを一新する、魅力あふれる自由なお菓子たちです。

コクと甘みに大満足。ほんのり感じるエキゾチックな香りがクセになります

にんじんとココナッツミルクのプディング

にんじん（すりおろす）1カップ
油 大さじ1
ココナッツミルク 1カップ
カルダモン 3個
レーズン（粗みじん切り）大さじ2
ピスタチオ（粗く刻む）4粒

1 鍋に油を熱し、にんじんをじっくりと炒める。いい香りがしてきたら
ココナッツミルクとカルダモンを加え、弱火で10〜15分煮る。最後にレーズンを加える。
2 器に盛り、ピスタチオを散らす。

オレンジの甘酸っぱさがにんじんのクセをやわらげます。やさしい味わい

にんじんとオレンジのひと口パイ

オレンジ（薄皮をむき、ほぐす）1個
にんじん（せん切り）½本　レーズン（ざく切り）大さじ2
塩 少々　ブランデー 大さじ1
国産のオレンジの皮（せん切り）1個分
ワンタンの皮 12枚　油 適量

1　厚手の鍋にオレンジ、にんじん、レーズンを順に入れ、重ね煮する（P.9）。水分をとばしたらブランデーとオレンジの皮を加え混ぜ、粗熱をとる。
2　ワンタンの皮の片面全体に油を塗り、油を塗った面に1を1個分ずつのせて巻く。
3　天板にオーブンシートを敷いて2を並べる。200℃のオーブンでおいしそうな焼き色がつくまで6分ほど焼く。
◎ ワンタンの皮のかわりに、ぎょうざや春巻の皮を使ってもいい。

さわやかな甘みと酸味。色鮮やかな柔らかゼリー
にんじんとブラッドオレンジジュースのジュレ

にんじん(薄い輪切り) 1本
塩 少々
ブラッドオレンジジュース 2カップ
メープルシロップ 大さじ1(好みで加減)
寒天パウダー 1袋弱(3g)
ミント 適宜

1 にんじんは蒸し煮する(P.9)。
2 1とブラッドオレンジジュース、メープルシロップ、寒天パウダーをミキサーまたはフードプロセッサーにかけてなめらかにし、鍋に移し入れて火にかける。
混ぜながら沸騰後弱火で1分ほど煮て、容器に流し入れる。
3 冷蔵庫で冷やし固め、スプーンでかき混ぜる。
器に盛り、あればミントを飾る。

お米でやさしいとろみをつけます。
心がほっとするデザートスープ
にんじんとりんごのポタージュ

玉ねぎ(薄切り) 1/4個
油 小さじ2
にんじん(斜め薄切り) 1/2本
りんご(皮ごと薄切り) 1個
米(洗ってざるに上げておく) 1/4カップ
A ┌ りんごジュース(ストレート果汁100%のもの) 1カップ
  │ 白ワイン(甘口) 1/4カップ
  └ 水 1 3/4カップ
塩 小さじ1/2

1 鍋に油を熱し、玉ねぎを弱火でじっくりと炒める。
少し色づいてきたら、にんじん、りんご、米を
順に加えてさらに炒める。
2 米が透きとおったらAを加え、沸騰後15分ほど煮る。
3 2をミキサーまたはフードプロセッサーにかけて
なめらかにする。鍋にもどして温め、
塩で味をととのえる。
◎ シナモンパウダーをふってもいい。

にんじんの甘みが詰まったデザートコロッケ。アーモンドの香ばしさがアクセント
にんじんのアーモンドコロッケ

にんじん（斜め薄切り）2本
塩 少々　メープルシロップ 適宜
アーモンド（粗みじん切り）¼カップ
小麦粉 適量
長いも（すりおろす）適量
スライスアーモンド 適量
揚げ焼き用の油 適量

1　にんじんは蒸し煮し（P.9）、甘みがたりなければメープルシロップを加える。しっかり水分をとばしてつぶす。
2　1を冷蔵庫で冷やす。アーモンドを加え混ぜて8等分し、まるくまとめる。小麦粉、長いものとろろ、スライスアーモンドの順に衣をつける。
3　フライパンに油を深さ1cmほど入れて熱し、2を入れる。きつね色に揚げ焼きする。
◎ スライスアーモンドのかわりにパン粉や砕いた麩をまぶしてもおいしい。

クミンの香りがキャベツをひきたてます。後をひく自然な甘みと口あたり
キャベツとクミンのソフトビスケット

薄力粉 1カップ
オリーブ油 大さじ2
Ⓐ ┌ キャベツ（粗みじん切り）2枚
　│ クミンパウダー 小さじ1
　└ 塩 小さじ1/2
水 適量

1　薄力粉にオリーブ油を加え、指ですり合わせてさらさらのそぼろ状にする。
2　1にAを加え混ぜ、水を加減しながら加えてこねずに軽くまとめる。
3　6等分して厚さ2〜3cmの円形にし、フォークで5〜6ヵ所穴をあける。
オーブンシートを敷いた天板にのせ、200℃のオーブンで12分ほど焼く。

グレープフルーツの大人っぽい酸味がキャベツと絶妙に合います。この上ないさわやかさ

キャベツとグレープフルーツのテリーヌ

キャベツ(ざく切り) 1/8個　塩 少々
グレープフルーツジュース(ストレート果汁100%のもの) 2カップ
寒天パウダー 1袋(4g)
グレープフルーツ(薄皮をむき、ほぐす) 1個
ミント 適宜

1　キャベツは蒸し煮する(P.9)。
2　別の鍋にグレープフルーツジュースと寒天パウダーを入れて火にかける。混ぜながら沸騰後弱火で1〜2分煮る。
3　パウンド型(25cm×8cmのものを使用)を水で湿らせ、1とグレープフルーツを交互に敷いて層にする。2を流し入れて冷やし固める。
4　適宜に切って器に盛り、あればミントを飾る。
◎ パウンド型は適当な型・容器で代用してもかまいません。
◎ スイートマスタードソース(P.41)を添えてもおいしい。

いちごベースのマリネ液で、紫キャベツをデザートに。
色鮮やかになり、風味もアップ

紫キャベツと黒豆のいちごマリネ

紫キャベツ（適当に切る）1/4個
塩 少々
ゆでた黒豆 1/2カップ
いちごのマリネ液
　├ いちご（へたをとる）1パック
　├ りんご酢（または米酢）大さじ2
　├ 塩 小さじ1/2
　└ メープルシロップ 大さじ1

1　紫キャベツは軽く塩もみする。
2　いちごのマリネ液の材料をミキサーまたはフードプロセッサーにかけてなめらかにする。水気をしぼった1と黒豆を加えて冷蔵庫でひと晩漬ける。
◎ ゆでた黒豆は市販品でかまいませんが、無加糖のものを使ってください。

レモンを加えることで美しい赤紫色に。
甘・酸・辛がきいた夏向けスープ

紫キャベツのレモンエスニックスープ

国産のレモン 1個
クミンシード 小さじ1
オリーブ油 小さじ2
紫キャベツ（ざく切り）1/6個
水 2カップ
ローレル 1枚
赤唐辛子（種をとり、輪切り）1/2本
メープルシロップ 大さじ2
塩 少々

1　レモンは2等分する。半分は輪切りにし、もう半分は汁をしぼる。
2　鍋にオリーブ油とクミンシードを入れて弱火で熱し、いい香りがしてきたら紫キャベツを加えてさっと炒める。
3　2に水とローレルを加えて沸騰させ、弱火で3分ほど煮る。さらに1、赤唐辛子、メープルシロップを加えて1分ほど煮て、塩で味をととのえる。

おやつ向けの甘いお好み焼き。甘酸っぱくてほどよく辛いソースが絶品です

キャベツとりんごのお好み焼き

A ┌ 小麦粉、水 各½カップ
  └ 塩 少々

B ┌ キャベツ（せん切り）1〜2枚
  │ りんご（皮ごとせん切り）½個
  │ くるみ（粗みじん切り）大さじ2
  └ レーズン（みじん切り）大さじ2

油 適量

スイートマスタードソース
┌ マスタード 大さじ2弱　メープルシロップ 大さじ3
└ 油 大さじ1　米酢 小さじ2

1 フライパン（フッ素樹脂加工のものが向く）を熱し、油を薄くひく。混ぜ合わせたAを小さな円形に流し入れて、混ぜ合わせたBを上からのせ、Aをふたたびかける（広島風お好み焼きの要領で）。両面をこんがり焼く。
2 スイートマスタードソースの材料を混ぜ合わせて添える。
◎ 甘酸っぱさと辛みがマッチしたスイートマスタードソースは、野菜のクセをやわらげ、甘みをひきたててくれるすぐれもの。焼き菓子から冷たいデザートまで、野菜のお菓子全般に合います。ドレッシングやマリネ液としても重宝します。

じゃがいもとりんごは仲よし素材。香りのハーモニーがやさしくきいています
マッシュポテトのりんごジャムケーキ

じゃがいも 3個
豆乳 1カップ弱
ナツメグパウダー 少々
りんご(皮ごといちょう切り) 2個
シナモンパウダー 少々
塩 少々
麩(細かく砕く) 適量

1　じゃがいもは蒸し煮し(P.9)、つぶす。豆乳と塩を加え混ぜてマッシュポテトにし、ナツメグをふる。
2　りんごは蒸し煮して(P.9)つぶし、シナモンをふる。
3　耐熱の器(直径18cmのものを使用)に1と2を交互に敷いて層にする。
麩をふりかけて表面にフォークで模様をつけ、
200℃のオーブンでおいしそうな焼き色がつくまで15分ほど焼く。

おやつにもお酒のおつまみにもぴったり。もうひとつと手がのびる味
じゃがいもとごはんのタイ風お焼き

じゃがいも 1個　塩 少々

A ─ ごはん 1カップ
　　ピーナッツ（みじん切り） 大さじ1
　　青唐辛子（みじん切り） 1本
　　にんにく（みじん切り） 少々
　　香菜の葉と根（あれば） 適宜
　　ココナッツミルク 大さじ1
　　塩 小さじ1/2　薄口しょうゆ、こしょう 各少々
　　クミンパウダー 少々　コリアンダーパウダー 少々

油 適量

1　じゃがいもは蒸し煮し（P.9）、つぶす。
2　1とAを混ぜ合わせ、好みの大きさの平たい円形にする。
フライパン（フッ素樹脂加工のものが向く）に油を熱し、両面をこんがり焼く。

メープルシロップの香ばしい甘さをきかせた、大学いも風
じゃがいもの おやつきんぴら

じゃがいも（太めの拍子木切り）2個
ごま油 大さじ1
しょうゆ 小さじ2
メープルシロップ 大さじ2
炒りごま（白）大さじ1

1 フライパンにごま油を熱し、じゃがいもを透きとおるまで
じっくりと2～3分炒める。
2 しょうゆとメープルシロップを加えて全体に
からめるようにさらに炒め、仕上げに炒りごまをふる。

じゃがいものクセのない味わいが、
栗の繊細な甘みと香りをひきたてます
じゃがいもと栗の スイートスープ

じゃがいも（薄切り）2個
栗または甘栗（皮をむき、薄切り）12個
油 小さじ2
水 1カップ
豆乳 2カップ
メープルシロップ 大さじ2（好みで加減）
塩 少々

1 鍋に油を熱し、じゃがいも、栗を
弱火でじっくりと炒める。
2 じゃがいもが透きとおったら水を加え、
柔らかくなるまで煮る。
3 2と豆乳、メープルシロップをミキサーまたは
フードプロセッサーにかけてなめらかにする。
鍋にもどして温め、塩で味をととのえる。

じゃがいもでんぷんだけで固まります。シンプルで楽しいおやつ
じゃがいもの落とし焼き

Ⓐ ┌ じゃがいも（すりおろす）2個
　├ 塩 少々
　└ ローズマリー（葉の部分）1本
オリーブ油 大さじ1強
ローズマリー 適宜

1　フライパン（フッ素樹脂加工のものが向く）にオリーブ油を熱し、混ぜ合わせたAを好みの大きさに流し入れる。両面をこんがり焼く。
2　器に盛り、好みでローズマリーを飾る。
◎　じゃがいもはすりおろすとすぐに変色するので、手ばやく調理しましょう。変色しても味には問題ありません。

トマトのおいしさをとじ込めたスナック風スコーン。朝食にもおすすめ
トマトのスコーン

ドライトマト 5個
Ⓐ ┌ 薄力粉 1カップ
　├ 重曹 小さじ½
　└ オリーブ油 大さじ2
トマトピューレ ⅓カップ
塩 少々

1　ドライトマトは湯に10分ほど浸してもどし、水気を切ってざく切りにする。
2　Aを指ですり合わせてさらさらのそぼろ状にする。1、トマトピューレ、塩を順に加え混ぜてまとめる。
3　8等分して厚さ2cmほどの円形にする。オーブンシートを敷いた天板にのせ、200℃のオーブンで12分ほど焼く。

焼いたトマトの甘みとナッツのコクが絶妙に合います。赤いキュートなお菓子

ミディトマトのナッツクラム詰め焼き

ミディトマト 8個
塩 少々

A
- 麩（細かく砕く）1/2カップ
- アーモンド（みじん切り）大さじ1
- くるみ（みじん切り）大さじ1
- ピーナッツ（みじん切り）大さじ1
- 国産のレモンの皮（すりおろす）小さじ1/2
- オリーブ油 大さじ1
- メープルシロップ 大さじ2

1　ミディトマトは上部を切りとり（ふたとして使う）、スプーンで中身をくり抜いて内側に塩をふる。
2　くり抜いた中身とAを混ぜ合わせて1のトマトに詰め、切りとった上部とともに天板にのせる。180℃のオーブンでおいしそうな焼き色がつくまで12分ほど焼き、ふたをかぶせる。
◎ ミディトマトはミニトマトよりもやや大きめのトマト。ミニトマトでも、焼き時間を調整して同様につくれます。

トマトとりんごは相性抜群。
両方の甘酸っぱさが溶け合った、しゃれた味わい

トマトとりんごのグラニテ

トマト(ざく切り) 2個
りんご(皮ごと薄いいちょう切り) 1個
塩 少々

1 厚手の鍋にトマト、りんごを順に入れ、重ね煮する(P.9)。
2 バットに1を薄くのばし、冷めたら冷凍する。
3 2をフードプロセッサーまたはミキサーにかけて
なめらかにし、ふたたびバットに入れて冷凍する。

トマトの甘みは、さらに甘みをプラスすることで
いっそうひきたちます

トマトの冷たいデザートスープ

A ┌ トマト(できるだけ甘いもの。ざく切り) 4〜5個
  │ 桃(ざく切り) 1個
  └ 塩 少々
黒粒こしょう(砕く) 適量
オレガノ 適宜

1 厚手の鍋にAを入れ、ふたをして弱火で5分ほど煮る。
2 1を冷まし、ざるで裏ごしする。
3 冷蔵庫で冷やして器に盛る。黒粒こしょうをふり、
あればオレガノを飾る。
◎ 桃は缶詰ではなく、生のものを使ってください。
桃のない時季はメープルシロップ大さじ1〜2にかえても
おいしくできます。

ジューシーな自家製ドライトマト。トマトの甘みを堪能できるシンプルで極上の方法です
セミドライトマトのカナッペ

ミニトマト(へたをとる) 1パック
塩 少々
オリーブ油 適量
塩味のクラッカー 適量

1 天板にオーブンシートを敷き、塩とオリーブ油をまぶしつけたミニトマトを置く。
150℃のオーブンで20〜30分焼く。
2 クラッカーにのせていただく。

オクラとメロンは好相性。きりっとしたミントの香りでさわやかなデザートに
オクラとメロンの冷たいミントスープ

オクラ 10本
塩 少々
A ┌ メロンの果肉 1½カップ
　├ ミント 1～2本
　└ メープルシロップ 大さじ1～2（好みで加減）
ミント 適宜

1　オクラは軽く塩もみし、さっとゆでる。一部は飾り用に薄い輪切りにし、残りは縦に切って種をとる。
2　飾り用のオクラを残し、1とAをミキサーまたはフードプロセッサーにかけてなめらかにする。冷蔵庫で冷やす。
3　器に盛り、オクラとミントを飾る。

甘いオクラとろろは抹茶にも似た新鮮なおいしさ。色鮮やかな和風デザート
オクラと小豆のフルーツ白玉

オクラ 10本
塩 少々　メープルシロップ 大さじ2
白玉粉 1/2カップ　水 適量
好みのフルーツ（いちご、オレンジなど）適量
ゆでた小豆 適量

1　オクラは軽く塩もみし、さっとゆでる。縦に切って種をとり、フードプロセッサーにかけるか細かく刻んでとろろ状にし、メープルシロップを加える。
2　白玉粉に水を少しずつ加えながら、耳たぶくらいの柔らかさになるまで練る。小さくまるめ、熱湯で浮き上がるまでゆでて、冷水にとる。
3　器に2と好みのフルーツ、ゆで小豆を盛り、1をかける。
◎ ゆで小豆は市販品でかまいませんが、無加糖のものを使ってください。

オクラのとろみを生かしたアイスクリーム。
白ワインがオクラのクセをやわらげます
オクラのアイスクリーム

オクラ 10本
塩 少々
甘酒（無加糖のもの）300g（1袋）
白ワイン（甘口） 大さじ4

1　オクラは軽く塩もみし、さっとゆでる。
縦に切って種をとる。
2　1と甘酒、白ワインをミキサーまたは
フードプロセッサーにかけてなめらかにし、
容器に移し入れてひと晩ほど冷凍する。
3　固まったらふたたびミキサーまたは
フードプロセッサーにかけて、同様に冷凍する。

オクラでつくったさわやかな甘さのとろろ汁。
タピオカの粒々感も楽しい
タピオカ入り
冷やしオクラとろろ

オクラ 10本
塩 少々
水 1カップ
メープルシロップ 大さじ2
レモン汁 少々
タピオカ（ゆでてもどしたもの） 大さじ2

1　オクラは軽く塩もみし、さっとゆでる。
縦に切って種をとる。
2　1と水、メープルシロップをミキサーまたは
フードプロセッサーにかけてなめらかにする。
冷蔵庫で冷やす。
3　食べる直前にレモン汁とタピオカを加え、器に盛る。

シャキッとしたスイカの食感がアクセント。赤と緑のコントラストも美しい夏のデザート
オクラとスイカの寒天寄せ

オクラ 10本
塩 少々
A ┌ 水 1カップ
　├ メープルシロップ 大さじ2
　└ 寒天パウダー ½袋(2g)
スイカ(1.5cm角切り) ½カップ

1 オクラは軽く塩もみし、さっとゆでる。縦に切って種をとり、細かく刻むか
フードプロセッサーにかけてとろろ状にする。
2 鍋にAを入れて火にかける。混ぜながら沸騰後弱火で1〜2分煮て火からおろす。
3 2に1とスイカを加え、器に流し入れて冷やし固める。
◎ 流し缶など適当な型に入れて切り分けてもきれい。

ねっとりした甘さのなすとさつまいもを、甘くしたトマトソースで焼き上げます
なすとさつまいものスイートグラタン

なす(5mm厚さの輪切り) 2個
さつまいも(5mm厚さの輪切り) 1本
オリーブ油 適量　塩 少々
スイートトマトソース
- にんにく(みじん切り) 1かけ　オリーブ油 大さじ1
  トマト(ざく切り) 2個　塩 少々
  メープルシロップ 大さじ1～2(好みで加減)
- オレガノ 適宜

1　天板にオーブンシートを敷き、オリーブ油と塩をまぶしつけたなすとさつまいもを置いて、200℃のオーブンで8分ほど焼く。
2　スイートトマトソースをつくる。フライパンにオリーブ油とにんにくを入れ、弱火で熱する。いい香りがしてきたらトマトと塩を加え、弱火で5分ほど煮る。メープルシロップを加え、あればオレガノを加える。
3　1を耐熱の器に並べて2をかける。200℃のオーブンでおいしそうな焼き色がつくまで8分ほど焼く。

焼きなすはどこか焼きいもに似た趣。不思議なおいしさのスプレッド
焼きなすスプレッド

なす 2個
- オリーブ油 大さじ2
- Ⓐ しょうが汁 小さじ1
- しょうゆ 少々
- メープルシロップ 大さじ2

パン 適量

1 なすは直火または魚焼き器かオーブントースターで、まるごと柔らかくなるまで焼く。
2 1の皮をむき、へたをとり除く。フードプロセッサーにかけるか、みじん切りにし、Aを混ぜる。パンを添えていただく。

なすといちじくのねっとりした甘みがマッチ。
いちじくの種のプチプチ感も楽しい
なすとドライいちじくのジャム

なす（薄切り）2個
ドライいちじく（薄切り）6個
白ワイン（甘口）1カップ
塩 少々

1 厚手の鍋にすべての材料を入れ、
ふたをして弱火にかける。なすが柔らかくなったらふたをとり、
水分をとばしながらジャム状になるまでじっくりと煮つめる。

ふんわり甘いとろろに包まれた、
冷たいなすのデザート
焼きなすの甘い とろろあえ

なす 2個
A ┌ 長いも（すりおろす）1/2カップ
  │ レモン汁 小さじ1/2
  │ 塩 少々
  └ メープルシロップ 大さじ2
国産のレモンの皮（せん切り）少々

1 なすは直火または魚焼き器かオーブントースターで、
まるごと柔らかくなるまで焼く。
2 1の皮をむいて適当に切り、冷蔵庫で冷やす。
3 Aを混ぜ合わせて2をあえる。
器に盛り、レモンの皮を飾る。

コーヒーや紅茶に合う、変わり田楽
なすのデザートカナッペ

なす（1cm厚さの輪切り）2個
オリーブ油 適量　塩 少々
白みそソース
- 白みそ 大さじ2
  - くるみ（粗みじん切り）大さじ1
- オリーブ油 大さじ1　ブランデー 少々

トマトハーブソース
- ミニトマト（粗みじん切り）8個
  - バジル（みじん切り）4〜5枚
- オリーブ油 大さじ1　塩、メープルシロップ 各少々

1　天板にオーブンシートを敷き、オリーブ油と塩をまぶしつけたなすを置く。200℃のオーブンで5分ほど焼く。
2　ソースの材料をそれぞれ混ぜ合わせ、1の上にのせる。
220℃のオーブンでおいしそうな焼き色がつくまで5分ほど焼く。

ザクザクした食感も楽しい、フルーティーなデザート詰めもの
赤ピーマンのフルーツクラム詰め焼き

赤ピーマン 3個
油 適量
塩 少々

Ⓐ ┌ エリンギ（5mm角切り） 小1本
　│ オレンジ（薄皮をむき、みじん切り） 1/2個
　│ りんご（皮ごと5mm角切り） 1/4個
　│ プルーン（みじん切り） 2個
　│ くるみ（粗みじん切り） 大さじ2
　│ 麩（細かく砕く） 1/4カップ
　└ 油 大さじ1　シナモンパウダー 少々

1　赤ピーマンは横半分に切り、種をとり除く。内側と外側に油と塩を塗る。
2　Ⓐを混ぜ合わせて1に詰める。190℃のオーブンでおいしそうな焼き色がつくまで10分ほど焼く。

赤ピーマンとかぼちゃの甘みのハーモニー。しっとりしたカラフルなケーキ

赤ピーマンとかぼちゃのケーキ

赤ピーマン(せん切り) 2個
かぼちゃ(せん切り) 1/8個
ドライいちじく(1cm角切り) 4個
塩 少々
A ┌ 麦みそ 大さじ1　豆乳 1/2カップ
　└ 油 大さじ2　薄力粉 1カップ

1　厚手の鍋に赤ピーマン、かぼちゃ、ドライいちじくを順に入れて重ね煮し(P.9)、ざっとつぶす。
2　1にAを順に加え混ぜる。
3　タルト型(直径18cmのものを使用)に紙を敷き、2を入れる。
180℃のオーブンでおいしそうな焼き色がつくまで20〜25分焼く。
◎ タルト型は適当な型・耐熱容器で代用してもかまいません。

カレー粉でアクセントをつけた、
お菓子仕立ての揚げワンタン

赤ピーマンとオレンジの包み揚げ

オレンジ（薄皮をむき、ほぐす）1個
赤ピーマン（せん切り）2個
塩、カレー粉 各少々
ワンタンの皮 10枚
揚げ油 適量

1　厚手の鍋にオレンジ、赤ピーマンを順に入れて重ね煮し（P.9）、カレー粉を加える。10等分する。
2　ワンタンの皮の周囲に水を塗り、1を1個分ずつのせて包む。揚げ油でカリッと揚げる。

赤ピーマンの色と甘みを生かしたフォカッチャ風。
フライパンで焼けるクイックブレッド

赤ピーマンの薄焼きパン

A ┌ 薄力粉 1カップ
　├ 重曹、塩 各小さじ½
　└ オリーブ油 大さじ3
水 大さじ2〜3
赤ピーマン（粗みじん切り）2個
黒オリーブ（輪切り）6個

1　ボウルにAを入れ、水を加減しながら加えてなめらかになるまでこねる。
2　別のボウルに赤ピーマン、黒オリーブを入れ、薄力粉少々（分量外）をまぶす。
3　1に2を加えて軽くこね、ラップをかぶせて30分ほど休ませる。
4　3を好みの大きさの薄い円形にのばし、フォークの先で全体に穴をあける。油をひかないフライパン（フッ素樹脂加工のものが向く）で両面をこんがり焼く。

赤ピーマンの甘みと酸味をとじ込めた、色鮮やかなアイスクリーム
赤ピーマンのアイスクリーム

赤ピーマン 5個
レモン汁 大さじ2
甘酒（無加糖のもの） 300g（1袋）
塩 少々

1　赤ピーマンは直火または魚焼き器かオーブントースターで焼き、薄皮をむいて種とへたをとり除く。
2　1と残りの材料をミキサーまたはフードプロセッサーにかけてなめらかにし、容器に移し入れてひと晩ほど冷凍する。
3　固まったらふたたびミキサーまたはフードプロセッサーにかけて、同様に冷凍する。

きゅうりの香りがハーブのようにきいています。レモン風味がさわやかなチーズケーキ風
きゅうりと豆腐のチーズケーキ

レーズン 1/4カップ　ブランデー 適量
木綿豆腐 1丁
Ⓐ ┌ きゅうり（適当に切る）1本　くず粉 大さじ3
　│ 白みそ 大さじ1　白ワイン（甘口）小さじ2
　└ レモン汁、油 各大さじ2　メープルシロップ 大さじ3
きゅうり（薄い輪切り）適量

1　レーズンはブランデーに漬けておく。水気を切り、耐熱の器の底に並べる。
2　鍋に湯を沸かし、豆腐をくずし入れる。ふたたび沸騰したらざるに上げ、
皿で30分ほど重しをしてしっかり水気を切る。
3　2とAをミキサーまたはフードプロセッサーにかけてなめらかにし、1に流し入れる。
きゅうりを飾り、200℃のオーブンでおいしそうな焼き色がつくまで20分ほど焼く。
4　冷蔵庫で冷やしていただく。

きゅうりのみずみずしさに濃厚なフルーツがマッチ。おぼろ昆布がまとめ役です

きゅうりとマンゴーの生春巻

生春巻の皮 8枚
おぼろ昆布 適量
きゅうり（太めのせん切り）1本
マンゴー（太めのせん切り）1個
いちごのエスニックだれ
　いちご（裏ごしする）6個　青唐辛子（種をとり、輪切り）1本
　レモン汁 大さじ1　塩 小さじ1/2　メープルシロップ 小さじ2

1　大きめのボウルに水をたっぷりと入れ、生春巻の皮を1枚ずつさっと浸してはバットにのせて1～2分おいてもどす。
2　1におぼろ昆布をのせ、きゅうりとマンゴーを1/8量ずつのせて巻く。
3　半分に切って器に盛る。いちごのエスニックだれの材料を混ぜ合わせて添える。
◎生春巻の皮は水でもどしすぎない方がおいしい。
◎青唐辛子が手に入らない場合は赤唐辛子で代用してください。

暑い日のデザートにぴったり。
キウィの種の粒々がかわいい

きゅうりとキウィの
グリーンシャーベット

きゅうり（適当に切る）2本
キウィ（皮をむく）5個
甘酒（無加糖のもの）2/3カップ
塩 少々

1　すべての材料をミキサーまたはフードプロセッサーにかけてなめらかにし、バットに薄くのばして冷凍する。
2　1をふたたびミキサーまたはフードプロセッサーにかけて同様に冷凍する。

デザートやオードブルにおすすめの甘いピクルス。
ドライフルーツは好みのものでどうぞ

きゅうりとドライフルーツの
スイートピクルス

A
　米酢 1/4カップ
　白ワイン（甘口）1/4カップ
　りんごジュース（ストレート果汁100％のもの）1/4カップ
　塩 小さじ1/2
　ローレル 1枚
　黒粒こしょう 5〜6粒
　クローブ 3個
きゅうり（縦に4等分し、4cm長さに切る）2本
ドライアプリコット 3個
ドライアップル 3枚
ディル 少々

1　鍋にAを入れてひと煮たちさせ、火からおろす。
2　1が熱いうちにきゅうり、ドライフルーツ、ディルを加える。冷蔵庫で半日以上漬ける。

ミントの香りがきゅうりの青くささをやわらげます。どのフルーツとも相性抜群

きゅうりとフルーツのミントソースあえ

きゅうり（1.5cm角切り）½本
オレンジ（薄皮をむき、1.5cm角切り）1個　バナナ（1.5cm角切り）1本
きゅうりのミントソース
┌ きゅうり（適当に切る）1本
│　ミント 4〜5本　レモン汁 小さじ1強
│　ブランデー 小さじ1　油 大さじ2
└ 塩 少々　メープルシロップ 大さじ1〜2（好みで加減）

1　きゅうりのミントソースの材料をミキサーまたはフードプロセッサーにかけてなめらかにする。
2　きゅうりとフルーツを1であえる。

甘みもコクも食感も楽しめる、しっとりしたケーキ
かぼちゃのココナッツケーキ

かぼちゃ（小さめの乱切り） 1/6個
塩 少々
Ⓐ ┌ ココナッツミルク 1/2カップ
   │ 薄力粉 1/2カップ
   │ かぼちゃの種（粗く刻む） 1/4カップ
   └ ココナッツフレーク 1/4カップ
かぼちゃの種 適量

1　かぼちゃは蒸し煮し(P.9)、つぶす。
2　ボウルに1とAを入れ、さっくりと混ぜ合わせる。
3　好みの型に紙を敷いて2を入れ、かぼちゃの種を飾る。
200℃のオーブンでおいしそうな焼き色がつくまで15分ほど焼く。

かぼちゃソースはフルーツグラタンにぴったりです
りんごのかぼちゃソース焼き

レーズン 1/4カップ
ブランデー 適量
りんご（皮ごと薄いいちょう切り）2個
かぼちゃソース
├ 蒸し煮した（P.9）かぼちゃ 1カップ
│ 豆乳 1カップ　小麦粉 大さじ2
│ ブランデー 大さじ1　油 大さじ1
└ 塩 少々　メープルシロップ 大さじ2

1　レーズンはブランデーに漬けておく。水気を切り、耐熱の器の底に並べる。
2　かぼちゃソースをつくる。すべての材料をミキサーまたはフードプロセッサーにかけてなめらかにする。
3　1に2を流し入れ、りんごを並べる。190℃のオーブンでおいしそうな焼き色がつくまで15〜20分焼く。
◎ぶどう、ブルーベリー、梨、いちじくなどを合わせるのもおすすめ。季節のフルーツで楽しんで。

かぼちゃが苦手な男性にも好評。
スパイシーな、とまらないおいしさ
かぼちゃの
カレー粉メープルグリル

かぼちゃ（5mm厚さのくし形切り）1/6個
A ┌ カレー粉 小さじ2
　├ オリーブ油 大さじ1
　├ 塩 小さじ1/2
　└ メープルシロップ 大さじ2

1　Aを混ぜ合わせ、かぼちゃにまぶしつける。
2　天板にオーブンシートを敷き、1を並べる。180℃の
オーブンでおいしそうな焼き色がつくまで15分ほど焼く。
◎　かぼちゃやさつまいもなど、ほくほく感のある野菜は、
甘酸っぱいフルーツを加えたり、カレー粉やしょうがなど
それぞれ相性のいい辛みを加えると、とても食べやすくなります。
ナッツなどで食感に変化をつけるのもアイデア。

かぼちゃの甘みに甘酸っぱさをプラス。
エキゾチックな香りが夏にぴったり
かぼちゃとオレンジの
冷たいエスニックスープ

かぼちゃ（皮をむき、薄切り）1/6個
玉ねぎ（薄切り）1/4個
塩 少々
A ┌ オレンジジュース（ストレート果汁100％のもの）1カップ
　└ 水 1/2カップ
コリアンダーパウダー 少々

1　厚手の鍋にかぼちゃ、玉ねぎを順に入れ、
重ね煮する（P.9）。
2　1とAをミキサーまたはフードプロセッサーにかけて
なめらかにし、コリアンダーパウダーと塩で
味をととのえる。
3　冷蔵庫で冷やしていただく。

ナッツのザクザクした食感も楽しい、満足感のあるデザート
かぼちゃのナッツクラム焼き

かぼちゃ（小さめの乱切り）1/4個
塩 少々
A ┌ くるみ（粗みじん切り）1/4カップ
　│ ピーナッツ（粗みじん切り）1/4カップ
　│ カシューナッツ（粗みじん切り）1/4カップ
　│ 麩（細かく砕く）1/4カップ
　└ オリーブ油 大さじ1

1 かぼちゃは蒸し煮し(P.9)、つぶす。
2 耐熱の器に1を入れ、混ぜ合わせたAを散らす。
200℃のオーブンでおいしそうな焼き色がつくまで10分ほど焼く。

香りの相性がいいごぼうとごまを、さつまいもでケーキ仕立てに
ごぼうとごまのスイートポテトケーキ

さつまいも（薄切り）1本　塩 少々
ごぼう（3cm細切り）⅓本
ごま油 大さじ1
Ⓐ すりごま（白）大さじ2　炒りごま（白）大さじ2
　しょうが汁 大さじ1　薄力粉 大さじ4
　塩 少々　メープルシロップ 大さじ1
炒りごま（白）適量

1　さつまいもは蒸し煮し（P.9）、つぶす。
2　フライパンにごま油を熱し、ごぼうを炒める。いい香りがしてきたら塩を加える。
3　1にAを加え混ぜ、2も加えて混ぜ合わせる。
4　天板にオーブンシートを敷き、3をのせて15cm角に形づくる。
炒りごまを散らし、190℃のオーブンでおいしそうな焼き色がつくまで20分ほど焼く。

炒めたごぼうの甘みと、甘い豆腐生地のやさしいハーモニー
ごぼうと豆腐の皮なしキッシュ

木綿豆腐 1丁　玉ねぎ（薄切り）1/4個
ごま油 大さじ1　ごぼう（ささがき）1/3本　塩 少々
A ┌ すりごま（白）大さじ2　白みそ 大さじ3
　│ 長いも（すりおろす）大さじ2
　└ 小麦粉 大さじ3　塩 少々
油 適量

1　鍋に湯を沸かし、豆腐をくずし入れる。ふたたび沸騰したらざるに上げ、皿で10分ほど重しをして水気を切る。そのままざるで裏ごしする。
2　フライパンにごま油を熱し、玉ねぎを弱火でじっくりと炒める。少し色づいてきたらごぼうを加え、いい香りがするまでさらに炒めて塩で下味をつける。
3　1に2とAを順に加え混ぜる。油を塗った耐熱の器に入れ、190℃のオーブンでおいしそうな焼き色がつくまで15分ほど焼く。

オレンジの甘酸っぱさとアニスの甘い香りがきめて。
おしゃれなごぼうのデザート
ごぼうとアニスの
オレンジグラタン

ごぼう(太めのささがき) 1/3本
油 大さじ1
A ┌ オレンジ(薄皮をむく) 1個
  │ オレンジジュース(ストレート果汁100％のもの) 1/2カップ
  │ 赤唐辛子(種をとり、輪切り) 少々
  └ 塩 少々
ブランデー 大さじ1
アニスシード 少々

1 フライパンに油を熱し、ごぼうを弱火でじっくりと炒める。
いい香りがしてきたらAを加え、水分が少なくなるまで
さらに炒めて、ブランデーとアニスを加え混ぜる。
2 耐熱の器に1を入れ、220℃のオーブンで
おいしそうな焼き色がつくまで3分ほど焼く。

ハーブのように品のいい、
ごぼうの甘い香りを味わうスープ
ごぼうの豆乳メープル
ポタージュ

玉ねぎ(薄切り) 1/4個
油 小さじ2
ごぼう(ささがき) 1/4本
長いも(薄切り) 5cm
水 1カップ
A ┌ 豆乳 1カップ
  └ メープルシロップ 大さじ2
塩 少々

1 鍋に油を熱し、玉ねぎを弱火でじっくりと炒める。
少し色づいてきたらごぼうを加え、
いい香りがするまでさらに炒める。
2 1に長いもと水を加え、長いもが柔らかくなるまで
5分ほど煮る。
3 2とAをミキサーまたはフードプロセッサーにかけて
なめらかにする。鍋にもどして温め、
塩で味をととのえる。
◎ 砕いた黒粒こしょうを散らしてもおいしい。

ごぼうをドライフルーツのようにきかせます。卵やバターを加えたような驚きのコク

ごぼうクッキー

ごぼう(3cm細切り) 1/3本　ごま油 大さじ1
メープルシロップ 大さじ2　しょうゆ 少々
薄力粉 1カップ　練りごま(白) 1/4カップ
Ⓐ ┌ 豆乳 大さじ2
　└ メープルシロップ 大さじ1

1　フライパンにごま油を熱し、ごぼうを弱火でじっくりと炒める。いい香りがしてきたら
メープルシロップとしょうゆで下味をつける。
2　ボウルに薄力粉と練りごまを入れ、指ですり合わせてさらさらのそぼろ状にする。1を加え、
混ぜ合わせたAを加減しながら加え混ぜてまとめる。
3　24等分し、まるめて少し押さえる。オーブンシートを敷いた天板にのせ、
180℃のオーブンで12分ほど焼く。

オレンジの甘酸っぱさをプラスして、さつまいもをさわやかな甘さのコロッケに
オレンジ風味のスイートポテトコロッケ

さつまいも（小さめの乱切り）1本
オレンジジュース（ストレート果汁100％のもの）½カップ
塩 少々
小麦粉 適量
長いも（すりおろす）5cm
パン粉 適量
揚げ焼き用の油 適量

1 厚手の鍋にさつまいもを入れ、水のかわりにオレンジジュースを加えて蒸し煮する（P.9）。つぶす。
2 1を8〜10等分してひと口大のキューブ形にし、小麦粉、長いものとろろ、パン粉の順に衣をつける。
3 フライパンに油を深さ1cmほど入れて熱し、2を入れる。きつね色に揚げ焼きする。

素朴な甘さとコクにほっとします。おやつにも朝食にもぴったり
さつまいものごまビスケット

さつまいも（1cm角切り）1本　塩 少々
A ┌ 炒りごま（白）大さじ4
　└ 麦みそ 大さじ1弱
薄力粉 1カップ　油 大さじ2
水 適宜

1　さつまいもは蒸し煮し（P.9）、Aを加え混ぜる。
2　薄力粉に油を加え、指ですり合わせてさらさらのそぼろ状にする。1を加え混ぜてまとめる。水分がたりなければ、水を加減しながら加える。
3　2枚のラップの間に2を挟み、厚さ1.5cmほどにのばす。好みの型で抜き、フォークで数ヵ所穴をあける。オーブンシートを敷いた天板にのせ、190℃のオーブンで12分ほど焼く。
◎ 型抜きせず、適当な形にととのえて焼いてもいい。

しょうがの香りとナッツの歯ざわりがアクセント。
さつまいもを満喫できます

さつまいものデザートあえ

さつまいも（1.5cm角切り）1本　塩 少々
A ┌ ピーナッツ（粗みじん切り）大さじ2
　├ しょうが汁 大さじ2
　├ シナモンパウダー 少々
　└ メープルシロップ 大さじ2

1　さつまいもは蒸し煮する（P.9）。半量はつぶし、半量はそのまま残す。
2　1のつぶしたさつまいもにAを加え混ぜ、残りのさつまいもをあえる。

さつまいもの自然な甘みと
とろみがうれしい、なごむ味

さつまいもの豆乳ポタージュ

玉ねぎ（薄切り）1/4個
油 大さじ1弱
さつまいも（1cm厚さの輪切り）1本
水 1カップ
豆乳 1カップ
塩 少々

1　鍋に油を熱し、玉ねぎを弱火でじっくりと炒める。少し色づいてきたらさつまいもを加えてさらに炒める。
2　水を加え、さつまいもが柔らかくなるまで5分ほど煮る。
3　2と豆乳をミキサーまたはフードプロセッサーにかけてなめらかにする。鍋にもどして温め、塩で味をととのえる。

さつまいもとりんごを
シナモンの香りでまとめたデザートお焼き

さつまいもとりんごの
シナモンお焼き

りんご（皮ごと薄切り）1個
さつまいも（薄切り）1本
塩 少々
小麦粉 1/4カップ
シナモンパウダー 小さじ1
油 適量
シナモンパウダー 適量

1 厚手の鍋にりんご、さつまいもを順に入れ、重ね煮する（P.9）。冷ます。
2 1に小麦粉とシナモンを加え混ぜ、好みの大きさの平たい円形にする。
3 フライパン（フッ素樹脂加工のものが向く）に油を熱し、2の両面をこんがり焼く。器に盛り、シナモンをふる。

きのこのコクとうまみによって、クリーミーな味わいに
きのこと柿のタルト

マッシュルーム(薄切り) 6個　オリーブ油 小さじ2
柿(せん切り) 1個　塩 少々
Ⓐ 豆乳 1カップ　寒天パウダー 1袋弱(3g)　薄力粉 大さじ2
　 ブランデー 大さじ1　メープルシロップ 大さじ2
春巻の皮 3枚　油 適量

1 フライパンにオリーブ油を熱し、マッシュルームを炒める。柿を加えてさらに炒め、塩で下味をつける。
2 Aをミキサーまたはフードプロセッサーにかけて(または泡立て器で)混ぜ合わせる。
3 タルト型(直径18cmのものを使用)に油を塗る。春巻の皮に油を塗り、ずらし重ねて型全体に敷きつめる。1を入れて平らにし、2を流し入れる。200℃のオーブンでおいしそうな焼き色がつくまで20分ほど焼く。
4 冷蔵庫で冷やし固めてからいただく。
◎ 春巻の皮は、ワンタン、しゅうまい、ぎょうざの皮でもOK。また、タルト型は適当な型・耐熱容器で代用してもかまいません。

きのことドライフルーツで、ミンスミートのような濃厚な味わいが生まれます
きのことドライフルーツのケーキ

生しいたけ 4枚　まいたけ（適当にさく）1パック
塩 少々

A
- レーズン（ざく切り）1/4カップ
- ドライいちじく（ざく切り）4個
- プルーン（ざく切り）4個
- ブランデー 大さじ3
- 油 大さじ3

薄力粉 1カップ

1　油をひかないフライパンにしいたけ（石づきをとり除き、傘を下にする）とまいたけをのせ、塩をふる。ふたをして弱火でいい香りがするまで蒸し焼きし、みじん切りにする。
2　1とAを混ぜ、薄力粉を加えてさっくりと混ぜ合わせる。
3　好みの型に2を入れ、180℃のオーブンで20分ほど焼く。

うまみとコクがかみしめるほどに広がります。
クセになる味

きのことナッツのビスケット

生しいたけ(薄切り) 4枚
しめじ(適当にさく) 1/2パック
オリーブ油 大さじ1
塩、しょうゆ 各少々
薄力粉 1カップ
油 大さじ2
アーモンド(粗みじん切り) 1/4カップ
水 適量

1 フライパンにオリーブ油を熱し、しいたけとしめじを炒める。塩、しょうゆで下味をつける。
2 薄力粉に油を加え、指ですり合わせてさらさらのそぼろ状にする。1とアーモンドを加え混ぜ、水を加減しながら加えてこねずに軽くまとめる。
3 4等分して厚さ2cmほどの三角形にし、フォークで5〜6ヵ所穴をあける。オーブンシートを敷いた天板にのせ、200℃のオーブンで12分ほど焼く。

マッシュルームの軽やかな香りとコクに、りんごがマッチ。
泡が楽しいカプチーノ仕立て

マッシュルームとりんごのカプチーノ

マッシュルーム(薄切り) 6個
りんご(薄切り) 1個
オリーブ油 小さじ2
豆乳 2カップ
塩 少々
シナモンスティック 適宜

1 フライパンにオリーブ油を熱し、マッシュルームとりんごを弱火でじっくりと炒める。
2 温めた豆乳と1をミキサーまたはフードプロセッサーにかけ、塩で味をととのえる。カップにそそぎ、あればシナモンスティックを添える。

きのこと酒かすはよく合います。チーズクッキーのような驚きの風味

きのこと酒かすのクッキー

- Ⓐ
  - 生しいたけ 3枚
  - 酒かす 100g
  - 塩 少々
  - 油 大さじ3
- 薄力粉 1カップ

1 Aをフードプロセッサーにかけてなめらかにする。
2 1に薄力粉を少しずつ加え混ぜてまとめる。7〜8mm厚さにのばし、1cm×5cmの棒状に切る。
3 オーブンシートを敷いた天板に並べ、180℃のオーブンでおいしそうな焼き色がつくまで15分ほど焼く。

蒸し煮した長ねぎの甘みを生かした、クレープシュゼット風デザート
長ねぎとワンタンのオレンジグラタン

長ねぎ（白い部分。3cm長さに切る）1本
Ⓐ ┌ レモン汁 少々
　└ 水 1/2カップ　塩 少々
レーズン 1/4カップ　ブランデー 適量
オレンジ（皮をむき、半月切り）1個　ワンタンの皮 適量
オレンジソース
┌ オレンジジュース（ストレート果汁100%のもの）1カップ
└ 甘酒（無加糖のもの）1/4カップ　ブランデー 少々

1　厚手の鍋に長ねぎを入れ、Aを加えて蒸し煮する（P.9）。
2　レーズンはブランデーに漬けておく。
3　オレンジソースをつくる。すべての材料をミキサーまたはフードプロセッサーにかけてなめらかにする。
4　耐熱の器に1、オレンジと水気を切った2、ワンタンの皮を交互に並べて3をかける。
200℃のオーブンでおいしそうな焼き色がつくまで10分ほど焼く。

長ねぎの品のいい香りと甘みが、アーモンドミルクのコクに不思議にマッチします
長ねぎとアーモンドのブラマンジェ

長ねぎ（白い部分。3cm長さに切る）1本
塩 少々
スライスアーモンド 1カップ
熱湯 1½カップ

Ⓐ ┌ くず粉 大さじ1
　 │ 寒天パウダー ½袋（2g）
　 └ メープルシロップ 大さじ3

1　長ねぎは蒸し煮する（P.9）。飾り用に少しとり分けておく。
2　スライスアーモンドは熱湯に5分ほど浸してふやかす。漬け汁ごとミキサーまたはフードプロセッサーにかけ、ガーゼで包んで汁をしぼる。汁だけを使う。
3　1、2、Ⓐをミキサーまたはフードプロセッサーにかけてなめらかにし、鍋に移し入れて火にかける。底からかき混ぜながら、沸騰後弱火で1〜2分、ねっとりするまで煮る。
4　好みの型に1の飾り用ねぎを入れ、3を流し入れる。冷蔵庫で冷やし固める。

焼くと美しい緑色になる、素朴なおやつ。
料理に添えるのもおすすめ

万能ねぎの米粉お焼き

A ┌ 万能ねぎ（小口切り） 10本
  │ 上新粉 1¼カップ
  │ ごま油 大さじ1
  └ 塩 小さじ½
水 ½カップ弱

1 Aを混ぜ合わせ、水を加減しながら加えて軽くこねてまとめる。
2 8等分し、厚さ5mmほどの円形にする。油をひかないフライパンに並べ、弱火で両面をこんがり焼く。

焼いた下仁田ねぎの甘みがさらにひきたつ、
甘いマリネ仕立て。オードブルにもおすすめ

焼き下仁田ねぎのデザートマリネ

下仁田ねぎ（3cm長さに切る） 2本
A ┌ 白みそ 大さじ3
  │ ブランデー 大さじ1
  │ 米酢、油 各大さじ1
  └ メープルシロップ 大さじ1（好みで加減）

1 油をひかないフライパンに下仁田ねぎを並べ、ふたをして弱火にかける。焦げめがつくくらいまでじっくりと焼く。
2 Aを混ぜ合わせ、1を熱いうちに加えて30分以上漬ける。

ゆずの香りが長ねぎのクセをやわらげます。ねっとり柔らかな柿の寒天寄せ
長ねぎと柿のゆず風味ようかん

長ねぎ（白い部分。2cm長さに切る）½本
塩 少々　ゆずの皮（せん切り）½個分

A ┌ 柿の果肉（柔らかく熟したもの）1½カップ
　│ 白みそ 大さじ2
　│ 寒天パウダー ½袋（2g）
　└ メープルシロップ 大さじ1（好みで加減）

1　長ねぎは蒸し煮する（P.9）。ゆずの皮は飾り用に少しとり分けておく。
2　Aをミキサーまたはフードプロセッサーにかけてなめらかにし、
鍋に移し入れて火にかける。底からかき混ぜながら、沸騰後弱火で1〜2分煮る。
3　2に1と塩を加え混ぜ、流し缶（14.5cm×11cmのものを使用）に流し入れて冷やし固める。
適宜に切って器に盛り、ゆずの皮を飾る。
◎ 流し缶は適当な型・容器で代用してもかまいません。
◎ 熟しすぎた柿の使いみちとしてもおすすめです。

里いものねっとり感にカシューナッツミルクのコクと甘みをプラスした、なめらかデザート
里いもとカシューナッツのブラマンジェ

里いも 2個
カシューナッツ 1/2カップ　水 1 1/2カップ
A ┌ コーンスターチ 大さじ3　バニラビーンズ(さやをさいて、種をしごき出す。種のみ使用) 1本
　└ メープルシロップ 大さじ4
キウィソース
┌ キウィ(皮をむく) 1個　レモン汁 小さじ1
└ ブランデー(好みで) 小さじ1　メープルシロップ 小さじ1

1　里いもは皮ごと柔らかくなるまで蒸し、皮をむいてつぶす。
2　カシューナッツと水をミキサーまたはフードプロセッサーにかけ、ガーゼで包んで汁をしぼる。汁のみ使う。
3　1、2、Aをミキサーまたはフードプロセッサーにかけて混ぜ合わせ、鍋に移し入れて火にかける。底からかき混ぜながら、沸騰後弱火で3分ほど、ねっとりするまで煮る。
4　器に入れて冷蔵庫で冷やし固める。キウィソースの材料をミキサーまたはフードプロセッサーにかけてなめらかにし、上にかける。

もちもちした口あたりの和風プチクレープ。甘くて香ばしいみそを巻いてどうぞ
里いもクレープ くるみみそ包み

A ┃ 里いも（皮をむき、すりおろす）3個
　┃ 薄力粉 大さじ4強
　┃ りんごジュース（ストレート果汁100％のもの）1/4カップ
　┗ 塩 少々

油 適量
くるみみそ
┏ くるみ（みじん切り）大さじ2
┗ 麦みそ 大さじ1　白みそ 大さじ1

1　フライパンに油を熱し、混ぜ合わせたAを小さな円形に薄く流し入れて、おいしそうな焼き色がつくまで焼く。
2　くるみみその材料を混ぜ合わせ、1にのせて巻く。

バルサミコ酢の深いコクと酸味を加えて、
里いもをデザートに
揚げ里いものキャラメリゼ バルサミコ風味

里いも(皮をむき、2cm厚さの輪切り) 3個
揚げ焼き用の油 適量
A ┌ バルサミコ酢 1/4カップ
  │ 塩 少々
  └ メープルシロップ 大さじ2

1 フライパンに油を深さ2〜3cmほど入れて熱し、里いもをきつね色に揚げ焼きする。
2 別のフライパンにAを入れて沸騰させ、1をからめる。

ポテトチップスの里いも版。
サクサクとして後をひきます
里いもチップス 青のり風味

里いも(皮をむき、3mm厚さの輪切り) 2個
揚げ油 適量
青のり、塩 各適量

1 里いもはざるに並べ、半日ほど乾かす。
2 フライパンに油を深さ1cmほど入れて熱し、1をきつね色に揚げる。青のりと塩をふる。
◎ 飾り切り用の包丁やスライサーを使うと、写真のようにより厚切りチップス風に。

甘酸っぱい白みそソースが里いもを包み込む、温かいデザート
里いもの白みそグラタン

里いも（皮をむき、1cm厚さの輪切り）3個
油 適量　塩 少々
白みそレモンソース
　┌ 絹ごし豆腐 ½丁
　│ 白みそ 大さじ3　油 大さじ1
　│ 国産のレモンの皮（すりおろす）小さじ½
　└ メープルシロップ 大さじ2

1　天板にオーブンシートを敷き、油と塩を全体にまぶしつけた里いもを置く。200℃のオーブンでおいしそうな焼き色がつくまで10分ほど焼く。
2　白みそレモンソースの材料をミキサーまたはフードプロセッサーにかけてなめらかにする。
3　1を耐熱の器に入れ、2をかける。220℃のオーブンでおいしそうな焼き色がつくまで7〜8分焼く。

里いも　89

大根といちごを重ね漬けしたデザート。とろりとした甘酒マスタードソースを添えて
大根といちごのミルフィーユ

大根(皮をむき、薄切り) 10cm　塩 適量(大根の重量の2%量)
A ┌ いちごジャム(無加糖のもの) 大さじ4
　└ レモン汁 大さじ1　ブランデー 大さじ1
いちご(薄切り) 1パック
甘酒マスタードソース
　┌ 甘酒(無加糖のもの) 1/3カップ
　│ マスタード 大さじ1　白ワイン(甘口) 大さじ2
　└ レモン汁 小さじ2　塩 少々
ミント 適宜

1　大根は塩を加えて皿などで重しをして1時間ほど漬ける。
2　1の水気をしぼって、ラップを敷いた深めの容器に並べ、混ぜ合わせたAを薄く塗って、いちごを並べる。同じ要領で交互に重ねて層にする。
3　表面にラップをかぶせて押さえ、皿などで軽く重しをする。2時間ほど冷蔵庫に入れる。
4　容器からとり出し、適宜に切って器に盛る。甘酒マスタードソースの材料をミキサーまたはフードプロセッサーにかけて添え、あればミントを飾る。

ふんわりやさしい口あたり。冬におすすめのデザート
大根蒸し りんごのくずあんかけ

おつゆ麩 6個
りんごジュース（ストレート果汁100％のもの）適量
甘栗 4個　大根（皮をむき、すりおろす）1/3カップ
長いも（皮をむき、すりおろす）大さじ2
塩 少々　プルーン 2個
りんごのくずあん
　┌ りんごジュース（ストレート果汁100％のもの）1/2カップ
　└ くず粉 小さじ1

1　おつゆ麩はりんごジュースに浸してもどし、水気を軽くしぼる。甘栗とともに耐熱の器に入れる。
2　大根おろしは水気を軽くしぼり、長いものとろろと混ぜて塩を加える。少し泡立ててふんわりさせる。
3　1に2をのせ、プルーンを飾る。強めの中火で10分ほど蒸す。
4　りんごのくずあんをつくる。鍋にりんごジュースを入れて火にかけ、沸騰したら同量の水（分量外）で溶いたくず粉を少しずつ加えてとろみをつける。3にかけていただく。

コクがあり、さっぱりした後味。
ちょっとアジアンスイーツ風
揚げ大根のキャラメリゼ 黒酢風味

大根（小さめの乱切り）7cm
小麦粉 適量
揚げ焼き用の油 適量
A ┌ 黒酢 大さじ2
　├ 塩 少々
　└ メープルシロップ 大さじ3

1　フライパンに油を深さ1cmほど入れて熱し、小麦粉をまぶしつけた大根を入れる。こんがりと揚げ焼きする。
2　別のフライパンにAを入れて熱し、1をからめる。

大根おろしに甘酸っぱさをプラス。
フルーツをさわやかに包み込みます
いろいろフルーツの 甘いみぞれあえ

ぶどう 8粒
大根（皮をむき、すりおろす）1カップ
レモン汁 大さじ1
塩 小さじ1/2
メープルシロップ 大さじ1（好みで加減）
キウィ（1cm厚さのいちょう切り）1個
いちご（縦に6等分する）4個

1　ぶどうは皮が固ければ皮をむき、種をとる。大きければ適当に切る。
2　大根おろしは水気を軽くしぼり、レモン汁、塩、メープルシロップを加え混ぜる。
3　1、キウィ、いちごを2であえる。
◎ フルーツはほかにも好みのものでお試しを。

かむほどに切干大根の甘みが広がります。もっちりした、おなかにたまるおやつ
切干大根の大根もち

切干大根 ひとつかみ　生しいたけ（みじん切り）2枚
しょうゆ 少々　五香粉 少々
Ⓐ ┌ 上新粉 1カップ
　　 万能ねぎ（小口切り）3本
　 └ 塩 小さじ½
水 約½カップ　ごま油 適量
練り辛子、しょうゆ 各適量

1　切干大根はざるに入れてさっと水をとおし、5分ほどおく。柔らかくもどったら1cm長さに切る。しいたけはしょうゆと五香粉で下味をつける。
2　ボウルに1とAを入れ、水を加減しながら加え混ぜてまとめる。厚さ1cmほどの長方形にする。
3　フライパンにごま油を熱して2を入れ、ふたをして弱火で両面をこんがり焼く。適宜に切って器に盛り、辛子としょうゆを添える。
◎ 切干大根がもどりにくい場合は、少し水に浸してください。

さっぱりした甘さとねっとり感がクセになります。皮も格別のおいしさ
焼き長いも

長いも 20cm
塩 適量

1 長いもは軽く塩をまぶしつけ、アルミホイルで包む。
天板にのせ、230℃のオーブンで竹串がとおるまで50分〜1時間焼く。
2 塩を添えていただく。
◎ 無水調理ができる鍋や石焼きいも専用鍋でもおいしくできます。

長いもとろろは加熱すると固まります。甘みを加えたプリン風デザート
長いもの蒸しプリン

A ┌ 長いも（皮をむき、すりおろす）1カップ
　├ 豆乳 1/4カップ　　甘酒（無加糖のもの）1/4カップ
　└ 塩 少々
ゆでた小豆 大さじ3　　抹茶 適量

1 Aをミキサーまたはフードプロセッサーにかけて混ぜ合わせる。器に入れてゆで小豆を散らし、強めの中火で12分ほど蒸す。
2 冷蔵庫で冷やす。食べる直前に表面に抹茶を茶漉しでふる。
◎ ゆで小豆は市販品でかまいませんが、無加糖のものを使ってください。

長いもできめ細かいマッシュポテトがつくれます。
りんごと合わせたさわやかきんとん

長いものフルーツきんとん

長いも（皮をむき、1cm角切り）15cm
りんご（皮ごと1cm角切り）1個
レモン汁 大さじ1
りんごジュース（ストレート果汁100％のもの）¼カップ
塩 少々
メープルシロップ 大さじ2

1 厚手の鍋にすべての材料を入れ、
ふたをして弱火にかける。長いもが柔らかくなったら
ふたをとり、水分をとばす。
2 ざっとつぶして器に盛る。

生の長いものシャキシャキ感を生かした、
ピクルス風デザート

長いものフルーツピクルス

A ┬ キウィ（皮をむく）3個
　├ 米酢 大さじ2
　├ 塩 少々
　└ メープルシロップ 大さじ2
長いも（皮をむき、1cm厚さの輪切り）15cm

1 Aをミキサーまたはフードプロセッサーにかけて
なめらかにする。
2 1に長いもを加え、冷蔵庫でひと晩漬ける。

クセのない淡雪かん風の口あたり。まっ白なのでフルーツと合わせるときれい
長いもとろろの淡雪かん

A ┌ 白ぶどうジュース（ストレート果汁100%のもの）1カップ
　├ 塩 少々　寒天パウダー 1/2袋（2g）
　└ メープルシロップ 大さじ2
長いも（すりおろす）1/2カップ
いちご（縦に6等分する）4個

1　鍋にAを入れて火にかける。混ぜながら沸騰後弱火で1〜2分煮て火からおろす。かき混ぜながら長いもとろろといちごを加え、器に流し入れる。
2　冷蔵庫で冷やし固める。
◎ 白ぶどうジュースはりんごジュースにかえてもかまいません。

フルーツオードブル

しめくくりに、野菜をお菓子に変身させるのと同じ楽しさで、フルーツをおそうざい風に仕立ててみました。
フルーツの個性を生かした、ユニークなオードブルたちです。

🍑 桃
ぜいたくで上品な風味。夏のおもてなしにぴったりです

桃の冷たいスープ 黒こしょう風味

A ┃ 桃（適当に切る）3個
　┃ レモン汁 小さじ1強
　┃ 塩 少々
　┃ 甘酒（無加糖のもの）200〜300g（好みで加減）
水 適量
黒粒こしょう（砕く） 適量

1 Aをミキサーまたはフードプロセッサーにかけて
なめらかにし、水を好みの濃度になるまで加える。
冷蔵庫で冷やす。
2 器に盛り、黒粒こしょうをふる。

🍇 ぶどう
ぶどうの強い甘みに辛子をきかせると、
しゃれたオードブルに。日本酒に合います

ぶどうの辛子あえ

ぶどう 12粒
A ┃ 練り辛子 小さじ1〜2
　┃ 白みそ 大さじ2

1 ぶどうは皮をむく。
種があれば半分に切って種をとる。
2 Aを混ぜ合わせ、1をあえる。

🍊 グレープフルーツ

ネパール風フルーツサラダ。
青唐辛子のさわやかな辛みがきいた後をひく味

グレープフルーツの青唐辛子あえ

にんにく(皮をむく) 1かけ
グレープフルーツ(薄皮をむく) 1個
青唐辛子(種をとり、輪切り) 1本
塩 小さじ1/2

1 ボウルににんにくをこすりつける。
2 1にグレープフルーツ、青唐辛子、塩を入れてあえる。
◎ グレープフルーツのかわりに
日本のザボンでつくってもおいしい。

🫐 ブルーベリー

色の美しさとほんのりした甘さが印象的。
意外にマッチするとり合せ

ブルーベリーごはん

米(洗ってざるに上げておく) 1合
塩 小さじ1/2
ゆでた小豆 大さじ2
ブルーベリー 1/2カップ

1 米と塩を炊飯器に入れ、1合の目盛りまで水(分量外)を加える。ゆでた小豆とブルーベリーを加えて普通に炊く。
◎ "変わりお赤飯"としても楽しめます。ブルーベリーのかわりにいちごを加えた「いちごごはん」もおすすめ。
◎ ゆで小豆は市販品でかまいませんが、無加糖のものを使ってください。ゆで小豆を入れなくてもおいしい。

🫐 スイカ

スイカの甘みがよりひきたちます。
夏の冷蔵庫に常備したい一品

スイカのディル風味マリネ

A ┌ 白ワインビネガー 大さじ1
　├ 油 大さじ2
　├ 白ぶどうジュース(ストレート果汁100%のもの) 1/4カップ
　├ レーズン 大さじ2
　├ 塩 小さじ1/2
　├ ディル 少々
　└ メープルシロップ 大さじ1弱
スイカ(適当に切る) 適量

1 Aを混ぜ合わせる。
2 1にスイカを漬け、冷蔵庫に入れる。
2～3時間後からが食べごろ。

🍈 いちじく

焼いたいちじくのピンク色の甘い果汁が
白みそと溶け合います

いちじくの白みそグラタン

A ┌ 木綿豆腐 1/4丁
　├ 白みそ 大さじ3
　├ オリーブ油 大さじ1
　└ 白ワイン(甘口) 1/4カップ
いちじく(縦に4等分する) 4個

1 Aをミキサーまたはフードプロセッサーにかけて
なめらかにする。
2 耐熱の器にいちじくを入れ、1をかける。
220℃のオーブンでおいしそうな焼き色がつくまで
12分ほど焼く。

🍊 柿

飴のようなコクのある甘さ。
柿の皮に秘められた強い甘みに驚くはず

柿の皮のチップス

柿の皮 2個分

1　天板にオーブンシートを敷き、柿の皮を並べる。120℃の低温のオーブンに1時間以上入れて乾かし、そのまま冷ましてカリカリの状態にする。

🍎 りんご

セロリをハーブ感覚で組み合わせた、
風味のよいユニークなジャム

りんごとセロリのジャム

りんご（皮ごと薄切り）2個
セロリ（斜め薄切り）1/2本
りんごジュース（ストレート果汁100%のもの）1カップ
白ワイン（甘口）1/4カップ
塩 少々

1　厚手の鍋にすべての材料を入れ、ふたをして弱火にかける。りんごとセロリが柔らかくなったらふたをとり、水分をとばしながらジャム状になるまでじっくりと煮つめる。
◎ クラッカーやパンにのせたり、春巻やパイ、タルトの具にしてもおいしい。

新しいお菓子の世界

小さな頃からお菓子づくりが大好きでした。本格的なぶ厚いお菓子の本をお小づかいをためて買い、ボロボロになるほど読んで、毎日ケーキやクッキー、パイやタルトなどをつくっていました。でも、20代になって穀物と野菜中心の食生活をするようになってから、あれほど好きだった砂糖や生クリーム、バター、卵たっぷりのお菓子があまりおいしく感じられなくなってしまいました。かといって、粉中心でかちかちだったり、油をいっぱい使ったお菓子も食べたくはありません。食事の後やお茶の時間に、やはりお菓子は欠かせないもの。野菜やフルーツを主役にした、だれもが満足できる、ヘルシーでおいしくて、おしゃれなお菓子の世界を創り出したいと考えるようになりました。

実際にいろいろな野菜のお菓子をつくるようになった直接のきっかけは、野菜でフルコースをつくるというテーマでお料理教室をはじめたことです。卵、小麦粉、乳製品、砂糖が基本というお菓子の常識を頭からはずし、日々の調理で感じていた野菜の甘みや香り、コク、色、食感などの特徴を生かすことを一番に考えて、柔軟な発想でレシピづくりにいどみました。野菜の個性をひきたてる相性のよい素材やスパイスとの組合せを考え、必要最小限の甘み、油、小麦粉などを加えて試作を重ねました。

その途中ではさまざまな発見がありました。たとえば"酸味"が野菜をお菓子に変身させる鍵になること。甘い野菜を想像するとちょっと抵抗がありますが、甘酸っぱい野菜というのはすんなり受け入れられます。酸味が野菜独特のクセをやわらげ、甘みをじょうずにひきたててくれるのです。また、調理して甘みをひき出した野菜を多く使えば使うほど、野菜の個性が生きると同時にコクやしっとり感も際立つこと。卵や乳製品、砂糖はかえって野菜の個性をこわしてしまうと考えるようになりました。そして試作をくり返すうち、昔大好きだった生クリームやカスタードクリーム風のお菓子も、植物性素材だけで納得のいくものがつくれるようになりました。

お料理教室でレシピをデモンストレーションした段階では、生徒さんも半信半疑の表情なのですが、試食すると大満足の笑顔になってくれます。本格的にフランス菓子を勉強していた方も感嘆の声を上げてくれて、新しい創作野菜菓子に自信を深めることができました。そして、この一冊が誕生しました。

野菜が持つ底力と可能性の大きさには驚かされるばかりです。私は毎日、野菜を生かすもっといい方法はないかと、日々野菜と対話を続けています。こんな風にしたらもっとおいしいかもというアイデアが尽きることなく出てきて、レシピはどんどん更新されていきます。だから、現在ベストのものをご紹介しているこの本のレシピも、これでなくてはいけないというものではありません。素材も分量も、自由にアレンジしていいのです。皆さんのインスピレーションとイマジネーションで、さらにご自分にとっての最高のレシピに仕上げていってほしいと願っています。

カノウユミコ

菜菜スイーツ
卵・乳製品・砂糖なし 野菜がお菓子に大変身

初版発行　2006年7月15日
5版発行　2009年3月30日

著者©　カノウユミコ
発行者　土肥大介
発行所　株式会社柴田書店
　　　　〒113-8477
　　　　東京都文京区湯島3-26-9 イヤサカビル3、4F
　　　　書籍編集部　　03-5816-8260
　　　　営業部　　　　03-5816-8282（注文窓口・お問合せ）
　　　　ホームページ　http://www.shibatashoten.co.jp
　　　　振替　　　　　00180-2-4515
印刷所　凸版印刷株式会社
製本所　凸版印刷株式会社
ISBN　978-4-388-06001-6

本書収録内容の無断転載・複写（コピー）・引用・データ配信等の行為は固く禁じます。
乱丁・落丁本はお取り替えいたします。
Printed in Japan